भाव-गंगा

उमा शर्मा

डायमंड बुक्स

प्रकाशक डायमंड पॉकेट बुक्स (प्रा.) लि.
X-30 ओखला इंडस्ट्रियल एरिया, फेज-II
नई दिल्ली

फोन : 011-40712200

ई-मेल : sales@dpb.in

वेबसाइट : www.diamondbook.in

मुद्रक : रेप्रो (इंडिया)

BHAV GANGA

by :Uma Sharma

भूमिका

सबसे पहले परमपिता परमेश्वर को आभार व्यक्त करती हूँ जिनके आर्शीवाद से आज अपने मस्तिष्क में द्वंद करते विचारों को दर्पण बनाकर समाज के सामने प्रस्तुत कर सकी हूँ।

एवं माँ सरस्वती की विशेष कृपा के सामने नतमस्तक होकर उन्हें शत–शत प्रणाम करती हूँ कि उन्होंने मुझमें, मेरे विचारों को शब्दों की माला में सजाकर पिरोने की क्षमता प्रदान की।

यूँ तो मानव मन ही एक अनबूझ पहेली की तरह होता है, क्योंकि कभी इसमें आशाओं की लहर उठती है, तो कभी निराशाओं का ज्वार भाटा, परन्तु यह मनुष्य मात्र के ऊपर निर्भर है कि वह निराशाओं के घनघोर काले बादलों के नीचे, आशाओं के दीप को बुझने न दे और अपने मानव जीवन का मूल्य समझते हुये सदैव समय का सदुपयोग कर स्वयं आगे बढ़े एवं अपने विचारों से जन–मन में चेतना जगाकर, उनके मन के द्वार खोलकर उन्हें भी आगे बढ़ने को प्रेरित कर सके। मैनें इसी कोशिश को ध्यान में रखकर अपनी कविताओं में, समाज में फैले हर बुरे पक्ष को उजागर करने का प्रयास किया है एवं हर अच्छे पक्ष पर प्रकाश डालकर उसे समाज के लिये एक स्पष्ट दर्पण बनाने के प्रयत्न किये हैं।

समाज में फैली बुराइयाँ जैसे भ्रष्टाचार, जल की बर्बादी, कन्या या लड़की का शोषण या समाज में स्थान, गन्दी

राजनीति या इसी तरह के कई विषयों पर कविताओं का सृजन किया है, तो कहीं पर सपने, आशाओं के दीप जैसे सकारात्मक पहलुओं को सशक्त बनाकर मानव मन में उजाला भरने का प्रयत्न किया है।

अपनी कविता 'सूक्ष्म अस्तित्व' से मैंने ईश्वर व आत्मा के बीच संवाद के द्वारा आत्मा का द्वंद एवं ईश्वर का संदेश देने की कोशिश की है।

ये सारे भाव शायद सभी मनुष्यों के मन में रहते हों, किन्तु इनको कागज पर उतारकर, शायद ये कवितायें सभी पाठकों के मन के भावों को स्पर्श करने का एक सफल व सरल माध्यम हो सकें, ऐसी ही आशा करती हूँ।

जीवन में सफलता, असफलता तो एक ही सिक्के के दो पहलू हैं, किन्तु आपकी प्रतिक्रिया द्वारा शायद यह अनुमान हो सके कि मेरी भावनाऐं आपके मन को उद्वेलित कर सकीं अथवा नहीं।

अंत में मेरे पति श्री प्रमोद शर्मा एवं उन सभी अपनों, बड़ों–छोटों व स्नेही स्वजनों का आभार व्यक्त करती हूँ, जिनके आशीष, स्नेह एवं प्रोत्साहन द्वारा मेरे बचपन के शौक 'लेखन' को एक नई दिशा मिल सकी एवं मेरे प्रथम English Novel "THE FIRE OF JUSTICE" के प्रकाशन के कुछ ही महीनों बाद मेरी यह दूसरी पुस्तक आपके समक्ष आ सकी।

सभी स्नेही पाठकों की प्रतिक्रिया की प्रतीक्षा में –

उमा शर्मा

E-mail : umasharmajhs13@rediffmail.com

विषय सूची

स्तुति

तुमको विस्मृत कैसे कर जाऊं,
कि मस्तक पर बैठी तुम हो माँ।
हर पल तुमको शीश नवाऊं,
बुद्धि की राशि तुम ही माँ।

जो ज्ञान दिया है, तुमने मुझको,
नित उसको आगे ले जाऊँ।
लेखन में तुम्हारी अर्चना देखूँ,
तुमको मैं निज शब्दों में पाऊँ।

उनको सद्बुद्धि माँ तुम दो
जो लेखन को दूषित करते।
बुद्धि में शब्दों का जाल मिलाकर
खेल तुम्हारे नाम से करते।

अब तो बस लक्ष्य है इतना
भौतिकता तज आगे बढ़ पाऊं।
तुमसे लगन लगाई माँ अब
और किसी को मैं न ध्याऊं।

बुद्धि की जो पूँजी दी तुमने,
बलिहारी वरदान पे जाऊं।
शब्दों में नित पूजूँ तुमको,
बस तुमसे माँ मैं बंध जाऊं।

वंदना-हे ज्ञानमयी माँ

हे ज्ञानमयी माँ सरस्वती,
शत तुमको नमन हमारा है।
नित चरणों में वंदन तुमको,
तुमने ज्ञान से हमें संवारा है।
हे वीणांवादिनी मात् सुनो
ये विनती माँ अब स्वीकारें,
निज मस्तक पर अब वास करें,
खोलें दिव्य ज्ञान के द्वारे।
पल–पल न बहकर भावों में,
हों शक्तिशील अभावों में,
बुद्धि, कौशल से भरो हमें माँ,
कि जिएं सदा सद्भावों में।
सद्बुद्धि हममें बनी रहे,
माँ प्रेम कृपा बरसा दो अब।
वरदान विलक्षण दो हमको,
अज्ञान को जड़ से मिटा दो अब।
बुद्धि की सारी माया है,
बुद्धि से दिग्गज हार गये
माँ शारदे जिस पर करें कृपा
उससे ये जग हर्षाया है।

सांसो में जीवन भरती

सांसो में जीवन भरती
मन के भंवर को स्थिर करती
हाँ ये भक्ति–ईश्वर की शक्ति।

कब कहाँ कैसे किनारा
पा जाये कोई बेचारा
सिंधु सी गहरी उतरती
हाँ ये भक्ति–ईश्वर की शक्ति।

अवशेष नहीं कोई भ्रम का
मन अंतस में रहने देती
अंधेरों में उजियारा भरती
हाँ ये भक्ति–ईश्वर की शक्ति।

परमात्मा

तुम मौन हो, पर सुनाई देते हो,
अदृश्य होकर भी दिखाई देते हो।

प्रेम में तुम बने हो अज्ञानी
तुम जड़ हो, चेतन में दिखाई देते हो।

आत्मा के पुंज की एक रौशनी में,
हाँ, कहीं बैठे दिखाई देते हो।

राट्रगान - देश की शान

हैं राष्ट्रगान के प्रांण निहित जन–गण–मन में।
हाँ देश की देखो शान छिपी है जन–गण–मन में।

रचयिता का दिखता ज्ञान है रचित जन–गण–मन में।
राष्ट्र प्रेम का मान उदित है, जन–गण–मन में।

एकता परिभाषित दिखती, जन–गण–मन में।
जय हे जय हे जयघोष है दिखता जन–गण–मन में।

सम्मान देश का अमिट है दिखता जन–गण–मन में।
सौदंर्य का अनुमान है दिखता जन–गण–मन में।

सब बलिहारी जायें देखो, जन–गण–मन में।
कि देश प्रेम की ज्योति जली है जन–गण–मन में।

लड़की

वो उलझी हुई रीतियों से प्रश्न करना चाहती है
हाँ कुरीतियों से कई बार लड़ना चाहती है।

बहते जल की सतह पर आधार रखना चाहती है
छोटी उम्र में कहीं विवाह की बलिवेदी पर
झूलने से खुद को देखो वो बचाना चाहती है।

आसमान के ऊपर सैर करना चाहती है
हाँ कहीं दहेज रूपी दानव के बढ़ते हाथों से
त्रस्त जनको के आंसुओं को पोंछना वो चाहती है।

हवा के झोंके वो मुट्ठी में पकड़ना चाहती है।
रूढ़ियों में जकड़ी अब भी सती प्रथा की
बेड़ियो को पैरो तले वो कुचलना चाहती है।

हाथों से फिसलती रेत को वो थाम लेना चाहती है।
हाँ जन्म से पहले ही खुद के अस्तित्व को
नष्ट किये जाने से वो बचाना चाहती है।

रीतियों के नाम पर कुरीतियाँ फैली हैं जो
हाँ इनमें जलने से खुद को बचाना चाहती है।

सूक्ष्म अस्तित्व

अस्थियों से निकलकर
पंजरो सें छूटकर
इक देह खड़ी हो गई
और मानव मात्र के पास जाकर
अपनी देह छूटने के विरह में
अधीर होकर
पूछा......! बहुत पूछा
मैं कहाँ हूँ ?
मेरा अस्तित्व बताओ
कुछ कहो ए वाचाल मानव !
कुछ प्रत्युत्तर सुनाओ
पर यह क्या ?
उसके कानों तक
न उत्तर आया
न स्वर गुंजाया
उसकी आकांक्षा तक सिर्फ़
मौन पहुँच पाया
उसने खुद को सबसे
बहुत दूर पाया
वह बोला, या बोली
ईश्वर तू है हमजोली
तू ही बता मेरा ठिकाना
कितने घर बदलूं, कितने नाम?
कभी नर तो कभी नारी

कभी पशु तो कभी वृक्ष
क्या है तेरी माया ?
किन–किन जीवों में घर बनाया
पर कोई हमदम, हमराह
यथावत न रह पाया
साक्षी मानकर तुझे
कितने जन्म लिये ?
इस अन्तहीन यात्रा का,
क्या होगा अंजाम ?
प्रभु.....! कुछ तो दो विश्राम
ईश्वर मौन रहकर
भी कुछ बोला
उसके कानों मे रस घोला
दुःख के सागर से निकल
ऐ मेरे अंश मुझ में समा
पल–पल पिघल
मैं परमात्मा, तू है आत्मा
न हो अधीर, अशान्त
मेरा है मुझ में मिल जायेगा
सिर्फ कर्म की गति सुधार
तुझे विश्राम मिल जायेगा।

नीतियाँ

नीतियाँ बनी थीं जीवन संवारने को,
माध्यम थीं सद्भावना का
पर वे थीं सिर्फ नीतियां
न रणनीति, न ही राजनीति
नीति कुमार्ग से सद्मार्ग की
नीति थी लड़ाई, असत्य से सत्य की
दुर्भावना पर विजय सद्भावना की।
पर वे थीं सिर्फ नीतियाँ – न रणनीति न ही राजनीति

नीति थी सर्वधर्म मिलान की
नीति थी जातिवाद के कटान की
नीति धर्मात्मा से परमात्मा के आवाहान की
पर वे थीं सिर्फ नीतियाँ – न रणनीति न ही राजनीति
होता है रणनीति में कौशल अनिवार्य
एवं राजनीति में बुद्धि चातुर्य
पर अब रणनीति व राजनीति पर्याय है
छल, कपट, द्वेष, दंभ, बैर का
अतः अब ये है न ही रणनीति, न ही राजनीति

क्योंकि छल, दंभ, दाम भेद इनका बस मूल है
स्वार्थ सिद्धि साधना इनका उसूल है
नीति से जुड़कर ये शब्द मुंह चिढ़ाते हैं
नीति शब्द का उपहास उड़ाते हैं
हाँ ये रणनीति, छल नीति या राजनीति

रणनीति थी बुराई पर अच्छाई की विजय
या खुद को विजयी बनाने का शंखनाद
राजनीति थी एक प्रतिज्ञा, देश या राज्य हेतु
कौशल बुद्धि चातुर्य से भरा संघर्ष निर्विवाद
पर अब ये हैं सिर्फ
राज्य हड़पने की, धन बनाने की या फिर जीतने की
रणनीति और राजनीति।

बाल दिवस

कुछ बालक देखे मैंने
भिक्षा वृत्ति में संलग्न
कुछ नजर आ रहे थे
कुछ कामों में मग्न
कोई खुद बेहाल था
किन्तु चमका रहा था कार
अभावों व जिम्मेदारियों ने की
उसकी रौनक बेकार
कुछ फटेहाल थे पर
जूतों को पॉलिश करते हुये
भिक्षा दर–दर मॉग कर
जीते थे मरते हुये
कुछ कचरा समेटते
गन्दगी से नहाकर
कुछ ठेला खींचते थे
खुद को ही मिटाकर
अखबार में समाचार में
देखा था, पढ़ा था, सुना भी था
बाल–दिवस भी होता है
देखो संसार में
पर यह कैसा बाल–दिवस...........?
क्या इस पर भी मुहर है समृद्धता की
हाँ शायद यही है कहानी

वचन बद्धता की।
उनके वचन जो कहलाते हैं महान
जो हैं शायद देश की शान
क्यूं देखते हैं अंतर
अमीरी और गरीबी का
समृद्ध का केवल बच्चा है
क्या बच्चा नहीं फकीरी का
पर ये बच्चे शायद हैं जवान
कहते हैं अपनी पहचान
अपने ही शब्दों में
मेरा बचपन जन्म से ही था नहीं
बाल–दिवस का नाम हमने तो सुना नहीं
शायद ये शौक या खिलौने हैं अमीरों के
हम तो फ़ौलाद हैं बच्चे हैं गरीबो के
हमारे लिये तो हर दिन बाल–दिवस होता है
क्योंकि हमारा जीविकोपार्जन हम से ही होता है ।

पंचतत्व से निर्मित प्राणी

पंचतत्व से निर्मित प्राणी
पंचतत्व का अंश है।
पंचतत्व में विलीनता
सच से भरा एक दंश है।
धोखा है काम, क्रोध, लोभ
धोखा है दंभ, मोह
अभिमान की लकीर से
कर ले तू विछोह
जानते हुये भी सच
फिर तू क्यूं नृशंस है,
पंचतत्व से निर्मित प्राणी,
पंचतत्व का अंश है।
क्यूं भागता है धन के पीछे ?
क्यूं दौड़ता है भ्रम के नीचे ?
पाएगा क्या, छोड़ेगा क्या ?
छलते हुये प्रपंच है।
पंचतत्व से निर्मित प्राणी,
पंचतत्व का अंश है।
क्षण भंगुर दुनिया की माया
क्षण भंगुर मोह की है छाया
अंगीकार करो ईश कृपा को
जिससे मिला ये मानव वंश है।
पंचतत्व से निर्मित प्राणी,
पंचतत्व का अंश है।

भ्रष्टाचार

विज्ञापन है, चलचित्र या समाचार है
हर तरफ हाथ हिलाता भ्रष्टाचार है।
कुठाराघात है कहीं,
देश की अस्मिता पर
देशों को अपाहिज करता भ्रष्टाचार है
धन, सुख, समृद्धि की होड़ है
इंगित इनसे एक ही निचोड़ है
पीछे छुटती संस्कृतियों पर
आधुनिकता का प्रहार है
देशों को अपाहिज करता भ्रष्टाचार है।
मुखौटा है हर सुंदर मुखड़े के पीछे
रोज़गारी खड़ी है आरक्षण के नीचे
समृद्धि पर केवल यहाँ
समृद्धों का अधिकार है,
देशों को अपाहिज करता भ्रष्टाचार है।
क्षेत्र कोई भी हो या हो कोई मैदान
हर ओर नज़र आ जायेगें भ्रष्ट हुये शैतान
भ्रष्टों के निशाने पर देखो अब
मानवता लाचार है
देशों को अपाहिज करता भ्रष्टाचार है।

आशाओं के दीप जलाकर

आशाओं के दीप जलाकर,
चल पड़ प्रयत्नों के सफर पर
एक बार नहीं, सौ बार सही,
तेरा चलना हो बेकार सही
पर दीप जलाता जा राही,
इच्छाओं के घर पर
आशाओं के दीप जलाकर,
चल पड़ प्रयत्नों के सफर पर।

न हार तू हिम्मत मन में अब,
है निकल पड़ा राहों पर जब
प्रयत्नों के उदीयमान सूरज की
दीप्तिमान किरणों की तरफ
संसार सही सपनों का है,
दृष्टि हो तेरी बस मंजिल पर।
आशाओं के दीप जलाकर,
चल पड़ प्रयत्नों के सफर पर।

कोई काम नहीं बेकार लगे,
मेहनत ही गले का हार लगे।
बंद आंखों का कोई काम नहीं,
जीवन से जूझती राहों पर
आशाओं के दीप जलाकर,
चल पड़ प्रयत्नों के सफर पर।

बद् से बद्तर न बना खुद को
तू प्यार से गले लगा खुद को
क्षमता खुद की पहचान ज़रा
पानी निकाल दे पत्थर पर
आशाओं के दीप जलाकर,
चल पड़ प्रयत्नों के सफर पर।

होलिकायें अब भी हैं

होलिकायें अब भी हैं ज़रा नज़र उठा कर देखो
वेदनायें कई हैं समाज में ज़रा नज़र घुमा कर देखो।

रोक लग चुकी है शराब पर न भ्रम करो,
सड़कों पर तो कम है, जरा मधुशाला जाकर देखो।

दर्द जो अपना मिटता नहीं तो न सही
दूसरों के ज़ख़्मों पर मरहम लगाकर देखो।

खुद की जेबें भरने की कल्पना अब छोड़ दो
सब के घर भर जायेगें ज़रा भ्रष्टाचार मिटाकर देखो।

दूसरों के गम में जो रो पड़े तो क्या हुआ
अपने ग़म में भी कभी हंसकर–हंसाकर देखो।

है खुमारी मन में जो असहायों का आंचल भरने की
खुले मन से दान का एक हाथ बढ़ाकर देखो।

सपना है जो सम्पूर्ण भारत का कहीं मन में अगर
देश–प्रेम की एक लौ मन में जलाकर देखो।

मौन-स्वीकृति

शब्दों की मौन–स्वीकृति
या फिर सहमति
बोध कराती है एक निर्णय
उलझा–सा
या फिर बहाव में ले जाती है
भावनाओं के
या फिर शायद एहसास दिलाती है
अथवा इंगित करती है
क्रोध की तरफ
एक इशारा
अथवा यह हो सकती है
एक तरीका
अपने तथ्य को रखने का
भावना के समुद्र में बहती हुयी
आंखों के प्रदर्शन का
अपने ही तथ्यों की
बहती नदी को
आत्मसात करने का
या फिर साक्षात्कार भी
हो सकता है मौन, सक्षमता का,
सहनशीलता या शांत भाव का
या फिर सर्वोपरि सत्ता का
क्योंकि स्वीकृति वो भी देता है
कभी–कभी शब्दों के मौन की।

उलझन

सौ बातों की एक बात, क्या है कहाँ से शुरू करें
हर बात में कोई बात नज़र आती है, कहाँ से शुरू करें?

शब्दों का एक जाल हमेशा उठता गिरता रहता है
किसकी ज़ुबान पर कितना है ये बात कहाँ से शुरू करें?

संवादों की लड़ी में देखो बाधा कोई दिखती है
सुलझाने से फ़ुरसत ही नहीं, संवाद कहाँ से शुरू करें?

हार कहीं तो जीत कहीं, बात तो वैसे सच्ची है
पर कब से या कहाँ से आया, ये मिथ्या ज्ञान, कहाँ से शुरू करें?

उपलब्धि के पंखों पर यूं तो उड़ना है सुखद मगर
संस्कार बिना सब अर्थहीन, अपवाद कहाँ से शुरू करें?

रिश्तों की बंजर धरती पर नफरत के फूल बिछे हैं कई
पर रिश्तों के बिना जग सूना है खुशियों की बात कहाँ से शुरू करें?

सोने के सिक्कों की चमक सभी को लुभाती है
प्रेम बिना इनकी न कीमत बात कहाँ से शुरू करें?

पहचान

एक मित्र की पहचान करना,
शत्रुओं से जूझने से
ज्यादा कठिन अब हो गया।

अपनों के दिये दंश से
घावों के शेष अंश से
अपनत्व से कोसों दूर
अपनों पे विश्वास करना
ज़्यादा कठिन अब हो गया।

दिन ढला दीपक जला
चिंगारी मन में कोई जब ग़ैर की
दस्तक दबे पैर की देने चला
मन को दिये ज़ख़्मों के चलते
रोई सी आंखों को मलते
शक के सिमटे दायरे में
ग़ैरों से पहचान करना,
ज़्यादा कठिन अब हो गया ।

है बात मुश्किल सी मगर
सार्थक है कांटों की डगर।
क्यूंकि जाने अन्जाने कदमों से
दब गये पुष्प की आह से
फूलों की राह पर चलना
ज्यादा कठिन अब हो गया ।

दोस्तो की भीड़ में
झिलमिलाती रोशनी है कहीं अपनत्व की।
पर आँख में अश्रुओं की जो है झड़ी
दिखती मुश्किल है बड़ी
कि दोस्तों की दोस्ती को देख पाना
ज़्यादा कठिन अब हो गया ।

स्वयं बोध

सत्य की अनुगामिनी,
निज आत्मा जो बन गई
शक्ति तीनों लोक की,
उसके करों में थम गई।

सहगामिनी निष्ठा की,
इक बार मन में आ गई
इच्छा के अंचलों में फिर,
परिपूर्णता समा गई।

श्रद्धा सुमन ईश को
बरसें कहीं जो बार–बार
गजगामिनी भक्ति की मन से
सात फेरे पा गई।

है समर्पण लक्ष्य पर
तो मुश्किल कहीं कोई नहीं।
द्वार सफलता का देखो
हवा खटखटा गई।

मुस्कान किसी के होठ पर
लाने की जो खा लें कसम,
जिंदगी में स्वर्णिम सुनहरी
आभा कहीं से छा गई।

असतो माँ सद्गमय से
तमसो माँ ज्योर्तिगमय तक
एक ज्योति संकल्प की
मन के तम को मिटा गई।

संशय

संशय का न कोई समाधान
ढूंढ अभी तक पाया है
वीभत्स वाटिका इसकी देखो
कांटो से गुल भरमाया है।

शक की आंधी जब चले चरम पर
आस्था, विश्वास का दीपक भी
लौ को सम्भाल न पाया है
वीभत्स वाटिका इसकी देखो
कांटो से गुल भरमाया है।

मन रूपी धरती पर जब–जब
शक का पेड़ उगाया है।
यह बात नहीं कहने की लेकिन
तहस–नहस सब पाया है।
वीभत्स वाटिका इसकी देखो
कांटो से गुल भरमाया है।

रिश्तों की बंजर भूमि पर
संशय का बीज जहां डाला,
प्यार का न कोई पौधा देखो
पनप वहाँ फिर पाया है।
वीभत्स वाटिका इसकी देखो
कांटो से गुल भरमाया है।

प्रार्थना

कन्या वरदान ये मांगे
मुझको भी आगे बढ़ने दो ।
है जन्म लिया जब मैने
मेरा जीवन भी सजने दो ।।

हूँ लड़की, मैं हूँ नारी
पर हूँ जीवन की अधिकारी।
मैंने ही जीवन रचा है
जीवन पथ पे मुझे बढ़ने दो।।

न मारो जीवन से पहले मुझे
खुशियों की दूंगी सौगात तुझे ।
तिनका–तिनका सपनों को मेरे
सच के पथ पर चलने दो ।।

मन के घाव न दो मुझको
तन पे खंजर न मारो ।
समझो मेरे भावों को
उनको भी कहीं विचरने दो।।

जो जान सभी के अन्दर है
वो ही मुझमें बसती है।
मेरी भी कुछ हस्ती है
मुझको ये साबित करने दो ।।

नर की दुनिया में है बिसात
पर साथ खडी हूँ मैं उसके।
पंख लगा कर मुझको भी
नये आसमान में उड़ने दो ।।

अबला मैं नही कमजोर नहीं
तन की ताकत पर जोर नहीं।
मन बुद्धि मेरी सवारी है,
यह सिद्ध मुझे भी करने दो ।।

विश्वास को तोड़ो न मेरे
जननी हूँ, बहन हूँ, भार्या हूँ
बेटी के रूप में खेलू मैं
ऑगन खुशियों से भरने दो।।

कन्या वरदान ये मांगे
मुझको भी आगे बढ़ने दो।।

कुछ भी साथ नहीं जाता

दो पल में दुनिया का सारा
यह खेल खत्म हो जाता
क्यूं लालच करता है रे मन ?
कि कुछ भी साथ नहीं जाता ।

संचय और केवल संचय
या जोड़ घटाना करता है।
क्यूं लिप्साओं में ऐसे ही
तू निज मन को उलझाता
क्यूं लालच करता है रे मन?
कि कुछ भी साथ नहीं जाता।

इसका उसका आखिर किसका?
नित शंकाओं में उलझा रहता
जितना प्रारब्ध में लिखा हुआ
उससे ज्यादा न पा पाता
क्यूं लालच करता है रे मन?
कि कुछ भी साथ नहीं जाता।

जो मनचाहे तू पा भी ले
महल अटारी बना भी ले
पर क्षणभंगुर खुशियाँ सारी
ये बात समझ न क्यूं पाता
क्यूं लालच करता है रे मन?
कि कुछ भी साथ नहीं जाता।

अन्न वस्त्र मंज़िल दर मंज़िल
जो तुझे मिला संतोष तो कर
उनके बारे में सोच कि जिनको
कफ़न नसीब न हो पाता
क्यूं लालच करता है रे मन?
कि कुछ भी साथ नहीं जाता।

प्रश्न

सत्य धर्म के अनुयायी की गाथा कौन सुनेगा ?
यहाँ झूठ का सर है ऊंचा, सच पर कौन झुकेगा ?
सर्वधर्म सम्भाव की बातें कोरी पौराणिक हैं
कर्म ही जब हमसे नहीं होता, धर्म की कौन सुनेगा ?

छल प्रपंच की बातें मन में प्यार कहाँ से आये ?
अपनों को अपनों ने लूटा, गैरों की कौन सुनेगा ?
बातों ही बातों में चलते तीखे तीर यहाँ पर
बात–बात में बातें बनती गूंगे की कौन सुनेगा

बिन प्रकाश के परछांई भी साथ नहीं होती है
ऐसे में रोते अंधे की लाठी कौन बनेगा ?
अपने और पराये के चक्कर में सब खोये हैं
मानव मूल्यों के रस्ते का राही कौन बनेगा ?

ऊपर के ज़ख़्मों को माना दवा मिटा देती है
अन्दर के ज़ख़्मों की लेकिन मरहम कौन बनेगा ?
घर में जब अंधेरा हो तो दीपक जल जाते हैं
मन में फैले अंधियारे की ज्योति कौन बनेगा ?

तोल-मोल के बोल

तोल–मोल के बोल
सुरों के संगम मे रस घोल
रिश्तो में मधुरिम आभा के
फिर बाज उठेंगे ढोल
रे बंधु तोल–मोल के बोल।
धरती है जैसे गोल
गगन की ऊंचाई अनमोल
न बोल का कोई मोल
फिर भी हैं बड़े अनमोल
रे बंधु तोल–मोल के बोल।
जितना सच्चा अस्तित्व प्रभु का
जितने सच्चे दिन रात
अगर हों उतने सच्चे बोल
तो फिर बातों मे कैसा झोल
रे बंधु तोल–मोल के बोल।
जैसे बच्चा मन का सच्चा
जैसे उगता सूरज अच्छा
जैसे तारों से गगन चमकता
जैसे शरीर प्राणों से दमकता
उतना अच्छा बोल
रे बंधु तोल–मोल के बोल।
जैसे हो गागर में सागर
हों चारों दिशा उजागर
निर्जीव को जीव बनाकर

निष्प्राण में प्राण जगाकर
झकझोर दे तेरे बोल
रे बंधु तोल–मोल के बोल।
कई फूलों से माला बनती
कई दीपों से पंक्ति बनती
ऐसे अनेक को कर दे एक
रे बंधु ऐसे बोल तू बोल।
जैसे अनाथ को साथ किसी का
जैसे अंधे को हाथ किसी का
जैसे भूखे को भात किसी का
पर न हो किसी को घात किसी का
उतना सुन्दर बोल
रे बंधु तोल–मोल के बोल।
प्यासे को पानी मिल जाये
गूंगे को वाणी मिल जाये
खोये को अपना मिल जाये
उतना अमृत घोल
रे बंधु तोल–मोल के बोल।

शब्दों का संयोजन

शब्दों के संयोजन का कोई तार बाँधना आता हो
सच्चे रिश्ते वही हैं जिनको साथ निभाना आता हो।

अपना हो चाहे गैर का हो, बच्चे को सुलाना आता हो
धनवान वही जिसको भूखे को भोग लगाना आता हो।

प्यार के खेत में बीज कहीं नफ़रत का न बो दे कोई
सच्चा किसान जिसको नफ़रत की फ़सल गिराना आता हो।

एक तीर से कई निशाने साधे चलते लोग यहाँ
उनसे दूर रहो जिनको बस बात बनाना आता हो।

बाग में यूं तो फूल कई खिलते गिरते रहते हैं मगर
सच्चा माली जिसे फूल माला में पिरोना आता हो।

रस्ते में पड़े पत्थर कितने पैरों से दबते जाते हैं
किस्मत उस पत्थर की जिसमें ईश को पूजा जाता हो।

वैसे तो जग मिथ्या है, यह बात नही अन्जानी है
कितने हैं जग में ऐसे जिन्हें ये मंत्र समझ में आता हो।

पलटवार करना दुनिया की रीति अजब निराली है
मुश्किल उनका मिलना जिनको यह बात भुलाना आता हो।

बातों से बनते काम नहीं कई मुश्किल हैं आसान नहीं,
उंगली पर गिनने वाले हैं जिन्हें काम बनाना आता हो।

भौतिकवाद में देखो तो दुनिया कैसी धुंधली सी है
उनसे दूरी अच्छी जिन्हें छल का विज्ञान चलाना आता हो।

यूं तो कई दीपक ज़लते हैं दीवाली की रात मगर
सच्ची दीवाली जहाँ प्रेम का दीप जलाना आता हो।

जल

गर्मी की तपिश हो
या सर्द हों हवायें
या सुनहरी पवन हो
चाहे बसंत आये
जल बिन जीवन नहीं
जल से संसार है
कल्पना जल बिन कोई
जीवन की कर न पाये।
जल मिल रहा पैसों में
महानगरों की है माया
अमूल्य कितना जल है
क्यूं ये समझ न आये।
बरबादी देखो जल की
चहुँ ओर देखी जाए
कहीं व्यर्थ बह रहा जल
कहीं बूंद मिल न पाये।
होता रहेगा यूं ही
दूरुपयोग देखो जल का
न प्रकृति सुनेगी
विपदा अगर जो आए।
राशि अमिट है जल की
कीमत तो इसकी समझो
भू गर्भ में तो देखो
माँ निर्जल पड़ी है हाए।

मिथ्या कल्पनायें

कल्पनाओं का क्या संसार होता है,
सिर्फ़ कुछ स्वप्न या उनका अंबार होता है।
मन को आनन्द देने वाला
अजनबी इक बोध बार–बार होता है।

आलोक निहित इनमें है नहीं
पहचान उसे रे अज्ञानी!
इनमें खोकर या रो–रोकर
बुनता जाता क्यूँ कहानी।

अपलक आँख जीवन की तुझसे
रह–रह प्रश्न उठाये
क्यूं समय गंवाता जाता है
ये तो हैं निर्जन साये।

सीख जरा धरती पर रहना
पंख लगा कर उड़ना अच्छा
पर सच्चाई के संग जीना
देख जरा ये पथ है सच्चा ।

हैं आधार यहाँ पर देखो
विविध विविध न अस्त–व्यस्त
आखिर कब तक रहेगा रे मन
कोरी कल्पनाओं से त्रस्त।

अगर–मगर व हर्ष शोक से
शंकाओं की निविड़ निशा से
दूर जरा रख कदम तो आगे
कर सीमित कल्पनाओं के धागे।

उतना देख जो सच कर ले तू
सपना बन जाये, सच प्यारा
पानी में उतना ही गहरा जा
कि भूल न जाये कभी किनारा।

क्यूंकि मझधार में मुश्किल से भव पार होता है
अन छुआ एक बोध बार–बार होता है।
कल्पनाओं का क्या संसार होता है ?

जब तुम मिलो किसी से

जब तुम मिलो किसी से, तो ऐसे मिलना
कि जैसे नई सुबह किसी को आनन्दित करती हो।

जब कुछ कहो किसी से तो ऐसे कहना
कि जैसे स्वर लहरी कानों में रस भरती हो।

जब तुम आगे बढ़ो तो फिर ऐसे बढ़ना
कि जैसे नदी अपने पूरे वेग में बहती हो।

जब तुम बाँटो दर्द किसी का, तो करूणिंत हो जाना
सोच समझ यूं रखना जैसे माँ दर्द समझती हो।

जब तुम मित्र बनो तो ऐसे बन जाना
जैसे सांसे काया के हर पल संग में रहती हों।

कर दोस्ती सभी से

कर दोस्ती सभी से, न बैर की शरण ले
निर्बुद्धि के तमों की रे मन न तू शरण ले।

जानो सभी को अपना कलेष दूर कर ले
सदगुण की छाँव जाकर अवगुण की न शरण ले।

ने तेरा कोई अपना, न तू हुआ किसी का।
माया ये जानकर तू ईश्वर की बस शरण ले।

न राग गा दुखों का न द्वेष कर किसी से
दुख में भी साहसी बन सुखों की तू शरण ले।

धैर्य धर के मन में कर्मठता बना के लाठी
चलता चला जायेगा उपलब्धियों की शरण ले।

संवेदना से हट कर अब वेदना से लड़ तू
अवहेलना से डर न, चेतना की शरण ले।

सांसो की राशि सीमित मिलती है देखो सबको,
निराशा से दूर होकर आशा की अब शरण ले।

जो है व्यथित-दुखित

जो हैं व्यथित दुखित,
जीवन से हारे
हैं निपट अकेले,
उनके अंधियारे

करते करूणित
मन को द्रवित
जो भूल गये
हैं उजियारे

नीरसता बस
सखी है जिनकी
तम दिखलाते
मित्र हैं सारे

घनघोर है पीड़ा
जिनके मन में
जिनको दुनिया ने
बांण हैं मारे

जीवन मरण में
कितना अन्तर
कर न पाये
जो बे सहारे

हर ओर जिन्हें
बस मिले निराशा
द्वार खड़े हैं
सिर्फ़ तुम्हारे

हे करूणामय !
ज्ञान के सागर !
दीनों के बंधु
तुम हो प्यारे

गले लगाओ
दुःख तुम उनके
व्याकुलता उनकी
करो किनारे

ज्ञान द्वार तुम
खोलो उनके
आत्म शक्ति के
दिखाओ द्वारे

तुम कृत्कृत्य
कर दो उनको
चमका दो उनके
भाग्य के तारे

कृपा दृष्टि से
भर जीवन उनका
उनको भी दो
खुशियों के सितारे

हे दया के सागर!
हे करुणाकर!
ये अरज सुनो
हम तुम्हें पुकारें।

बचपन

बचपन है देखो एक
उगता हुआ सूरज प्यारा।
जिसकी प्रेम विह्वलता से
आलोकित होता जग सारा।।

बचपन की चंचल मुस्काहट
करती उद्वेलित मन को।
बचपन की प्यारी बातें
रस देती हैं जीवन को।।

वो कोमल मन, वो भोलापन
जिसमें बसते भगवान।
वो साफ सरलता जिससे
दूर खड़ा अभिमान।।

ये कच्ची मिट्‌टी है इसको
हाथों से जो चाहो बनाओ।
जीवन के सुंदर मूल्यों से
ए मानव! इसे सजाओ।।

संस्कारों से सजी ये जब
शाखायें लेंगी विस्तार।
होंगे साबित देश के लिये
ये अमूल्य उपहार ।।

संदेश

प्रकृति बात करती है
तुम छूकर ज़रा टटोलो
हां पास जाकर के
दो बोल मीठे बोलो।

उन पेड़ों की खनकती
पत्तियाँ हैं हंसती
कहतीं ज़रा सुनो तो
ये द्वार मन के खोलो।

फूल हैं सुनाते
मृदु गान देखो कैसे
कहते हैं स्वर मिला कर
तुम संग मेरे हो लो।

है रात गुनगुनाती
संदेश ये धरा पर
आराम करके खुद को
कल के लिये संजोलो।

ये सन सनन हवायें
संदेश देती जायें
रूकना न हार कर तुम
विजय की दिशा को छू लो।

सपनों के राही

सपनों में बसने वाले
सपनों के ओ मतवाले
सपनों के ओ राही सुन
सपनों के रंग सजा ले

रंगीली दुनिया सपनों की
सपनों में नहीं बुराई है
कुछ खुशी मिली थोड़ी ही सही
किसी से जो नहीं चुराई है।

सपनों पर हक सब का होता
इसका उसका सबका अपना
न मोल कोई सपनों का है
सपना तो बस है सपना।

आगाह कभी करता सपना
उत्साह कभी भरता सपना
तन–मन से परिश्रम करके तुम
पूरा कर लो अपना सपना।

देखो सपने, सोचो सपने
सपनों की बात निराली है
जो बात न सच कर पाओ वो
सच सपनों में होने वाली है।

हे सूर्य! नमन तुमको शत्-शत्

हे सूर्य! नमन तुमको शत–शत
तुम जीवन प्रवाह में बहते हो
तुम रक्त के कण–कण में
रक्तिम आभा में रहते हो।
तुम ऐसे हो चमकते
प्राणों में हो दमकते
इक दिन जो न हों दर्शन
तो प्राणीं हैं तरसते।
किरणों की कर सवारी
अविरल कृपा तुम्हारी
स्पर्श करके हमको
लेती बला हमारी।
तुम बिन नहीं है जीवन
तुम बिन नहीं है काया
तुमसे निहाल जन–मन
हर दिन तुम्हीं से आया।
कण–कण में तुम पहुँचते
रोगों को तुम हो हरते
हो रोम–रोम में तुम
जीवन किरण को भरते।
प्राण व तन–मन से
तुमने हमें संवारा
हे श्रृष्टि के अमृत!
तुम्हें कोटि नमन हमारा।

एहसास जगा ले मन में

एहसास जगा ले मन में
कुछ करना है जीवन में
बढ़ता चल तू बढ़ता चल
कर्मों के सुंदुर वन में।

रूकना न तू रूकना न
मुश्किल हो पर झुकना न
पूर्ण डूब जाना तू
निज लक्ष्य के ही वंदन में।

न भार तू बन पृथ्वी का
इस ऋण को चुकाता चल तू
जन्मा है जिस माटी में
उसका मनन हो तेरे नमन में।

मात–पिता या ईश अलावा
रे मन नतमस्तक न होना
न भारहीन तू होना
जब आशंका हो मन में।

संबल निज मन को देना
नीरसता के रूदन में
बस हाथ थाम लेना तू
आशाओं का जीवन में।

हे कल-कल करती सरिता

हे कल–कल करती सरिता ! पतित पावनी हो तुम।
जग पापों की धूप में मुक्ति की छावनी हो तुम।
हे गंगे! तुम सर्वोत्तम हो कहीं तुलना नहीं तुम्हारी।
अज्ञान अहं की रजनी में आलोक दामिनी हो तुम।।

पापों से भूमि भरी हुयी अस्थियों से तुम हो रमी हुई।
कर कमलों को फैलाकर फिर थोड़ा मुस्का कर
हाथ फिराकर बडे प्रेम से, कहती माँ ये रह रह कर
पाप रहित कर लो तुम खुद को राह है मेरी थमी हुई।

पर घन सागर अज्ञान का है
आभास तुम्हारे ज्ञान का है
तुम खुद को पावन करते हो
घर–घर में मुझको रखते हो।

मैं तुमको पावन करती हूँ
पापों को तुम्हारे हरती हूँ
हाँ जननी कही मैं जाती हूँ
हर पल याद मैं रखती हूँ।

पापों से मुक्त तुम्हें करती हूँ
समा के उनको अंतस में
दिग्दिगंत तारूंगी तुमको
लेकिन हूँ असमंजस में

कब तक तुम अनदेखा करते
जाओगे निज पापों को
कब तक मैं धोती जाऊँगी
तुम पर आये अभिशापों को

द्वार खोल निज ज्ञान के अपने
अब स्वयं में लाओ सुधार
पापों की गणना कम हो
जिससे कम हो मेरा भार।

मोक्षदायिनी हूँ मैं लेकिन
कब तक हाहाकार करोगे तुम
पीछे–पीछे जड़ परछाई
पापों की बनके चलोगे तुम।

आओ उठो संभालो खुद को
जीवन की रागिनी हो तुम
अज्ञान अहम की रजनी में
आलोक दामिनी हो तुम।

क्यूं साईं तुम भटके थे?

क्यूं साईं तुम भटके थे?
हर द्वार–द्वार भिक्षा पाने
संदेश यही था उसमें शायद
हम दीन हीन को पहचानें।

न उनसे भेद करें अब हम
जात–पात समृद्धि का
हॉ शायद तुम उनमें ही हो
हे प्रभु! तुम्हें हम पहचानें।

न वे छोटे, न बड़े हैं हम
नर नारायण से बना हुआ
सब में तुम ही तुम बसते हो
चिर सत्य यही सारे जानें।

पल भर का समृद्धि सिंहासन
यह है तेरा कभी न आसन
तू प्रेम प्यार का भूखा साईं
तेरी माया कोई न जाने।

पल में प्रारब्ध बदल सकता है
तू राजा को रंक बनाकर
या कब निर्धन को धनवान बना दे
यह रहस्य कोई न जाने

हम मूढ़ बुद्धि तुम गूढ़ प्रभु
हम सत्य समझ न पाते हैं
तुम उनपे प्रेम बरसाते हो
हम जिनको दूर भगाते हैं।

वे दलित, दमित, पिछड़े तो क्या?
हम ढूढें तुमको यहाँ वहाँ
तुम उनके घर में बस जाते
ये बात नहीं क्यूँ हम माने?

हे कवि! कहाँ से तुम हो लिखते?

हे कवि! कहाँ से तुम हो लिखते?
शब्दों के सुन्दर प्रयोग
कहाँ से लाते हो यह गंगा?
विचारों का अनवरत संयोग।

भूतल पर है छवि तुम्हारी रवि के जैसी
नित लिखते हो कविता देखो नयी के जैसी
निर्जन वन में भर देते हो राग नया सा
निविड़ निशा कर देते सुबह नयी के जैसी।

समीकरण कर देते है क्यूं मौन समीक्षा?
ले न पाये कवि तुम्हारी कोई परीक्षा
तुम नित नये आवास बनाते हो ह्रदयों में
आत्मीय सबके तुम सारे करें प्रतीक्षा।

तुम्हीं बताओ इतना ज्ञान कहाँ से लाये?
तुममें जीवन के सारे रस हैं समाये।
प्राणों को जीवन देते हो शब्द सुधा से।
कविताओं में तुमने कितने रस बरसाये।

हर अंत में प्रारम्भ है

हर अंत को न अंत
समझकर
प्रारम्भ का संकेत
मानकर
जीवन पथ पर
हो जा अग्रसर
हर अंत में
प्रारम्भ है
या प्रारम्भ का
एक अंत है
है बात ये अनन्त तक
सच है,
न मनगढ़न्त है
अंतर्मन में बसा ले
यह सत्य अमिट है
जीवन ज्योति से प्रेम ठीक
पर इसमें संदेश निहित है
देख ज़रा जब शुरू किया
तो अंत कहीं तो करना है
स्वर न थमेंगे, वीणा में बजेंगे
हर एक को इक दिन मरना है
पर फिर से तुझे
एक प्रारम्भ की तैयारी करनी होगी
ज्योति तन पिंजरे में फिर से
प्राणों की भरनी होगी।

वो सुंदर वन प्यारे

पौधों पेड़ों के झुंड से,
लताओं वनचरों से सजे वन
वो सुंदरवन, सृष्टि के नयन
वो पंक्तिबद्ध पौधे अगणित ।

जिनमें चहचहाते थे पक्षी अनेक
दीप्तमान थे जिनमें प्रांण अनेक
सुंदर हवा थी नर्तकी जिनकी
झूम उठते थे उसके इशारे पर
नाचती थी पत्तियाँ झूमते थे पल्लव
गुंजायमान होता था
एक मधुर संगीत

उस वन में विचरने वाले प्राणी
उस धुन पर गाते थे गीत अनेक
प्रेम भरी ये चैन की पाती
वनचरों की थी ये जीवन बाती
वो वन थे वनचरों का आँगन
वनचर भी वन का थे दर्पण
पर उनके सुन्दर जीवन को
आह लगी किसी की ऐसी

यूँ तिनका–तिनका बिखर गये वन
हो निशा अमावस के जैसी

वो सुन्दर–सुन्दर वन प्यारे
कटने लगे एक–एक कर
उनमें बसने वाले वनचर
बोले फिर क्रंदन कर–कर

वन है उपहार प्रकृति का
क्यूं काट रहे हो ए मानव?
ये जीवन रक्षक जीवन दायी
बनो न देखो तुम दानव।

काट के इनको क्यूं आखिर
तुम हमको बेघर करते हो?
इनमें भी सजीव प्राण हैं
इनका हरण क्यूं करते हो?

तुम रक्षक बन प्रकृति के
आशीष हमारा पाओगे
निश्चल इसकी सेवा करके
जीवन खुशहाल बनाओगे।

भक्त बड़ा भगवान

भक्त बड़ा भगवान
कहाँ हैं मुझमें इतना ज्ञान?
तुम रहते मेरे अंतर्मन में
करते मुझको निरभिमान।

इस चर्चा पर मत हैं अनेक
शायद है सार सभी का एक
भक्ति से बड़ी शक्ति है नहीं
संत महात्मा ऋषि अनेक

कर देते हैं आत्म समर्पण
भक्ति को पाने के लिये
बस भक्ति भावना ही है प्रभु
तुम को खुद तक लाने के लिये।

तुम भक्त के सेवक बन जाते हो
उसके कष्ट मिटाते हो
तुम भव बंधन के स्वामी होकर
भक्त मोह में बंध जाते हो।

हृदयांगम जो करता तुमको
उसकी गति विलक्षण होती
भूमि पर जीता स्वर्ण काल वो
मुक्ति उसकी संगिनी होती।

अनुकंपा हम पर हो तुम्हारी
तुम धन्य हमें भक्ति से करो।
हे प्रभु ! बनें हम तेरे दृष्टा
और तुम हमको नयनों में भरो।

हे ईश तुम्हारी दासी हूँ

हे ईश तुम्हारी दासी हूँ
नित दर्शन की मैं प्यासी हूँ
निज झलक दिखा कर करो उजाला
मैं बिन दीपक की बाती हूँ।

हर सांस तुम्हारी आस से है
हर बात तुम्हारी बात से है
मेरा अपना कुछ भी नहीं
दिन मेरा तुम्हारी रात से है।

जब–जब तुमको खोजा है
तब–तब खुद मैं पाया तुमको
जब–जब हुई निराश प्रभु
हर आशा में पाया तुमको

तुम जानो सब दुनियादारी
मैं तो बस इतना जानूँ
अगणित बार पकारूँ तुमको
मैं हूँ तुमसे इतना मानूं।

सर्वस्व में तुम ही दिखते हो।
प्रत्यक्ष नहीं आभासी हो।
निज झलक दिखा कर करो उजाला
मैं बिन दीपक की बाती हूँ।

जीवन उपहार जवानी है

जीवन प्रवाह बढ़ चला है कल–कल
बचपन से बाहर निकल
पहुँचा किरणों से मेघों तक
ले ज्योत जवानी की पल–पल।

हृदय हुआ सागर सा देखो
ढेरों भाव बहे आऐं
ये कर, वो कर दिखलाऊँ
व्याकुलता बढ़ती जाए।

प्रंण कितने करती जाए
लहर जवानी की खुद से
पर कितने सच्चे कर पाते
वचन प्रतीत हों अद्‌भुत से।

भूल गए, तुम भूल गए
अहा! बोध तुम न जानो
तारे ला सकते धरा पे तुम
शक्ति स्वयं की पहचानो।

रात अंधेरी नीरसता की
निज कर्मों से रंग भरो
तेरी सखा जवानी है जब
कजरारे घन दूर करो।

भय से न प्रीति करो अब तुम
अक्षरशः बात सही हर पल
जीवन उपहार जवानी है
उद्‌देश्य सफल कर तू अविरल।

किसान

घनघोर बारिश में
ठिठुरती ठंड में
चिलचिलाती धूप में
बदहाल गर्मी में
किसान उठता है, जीता है
सिर्फ उसकी फसल के लिये
जो उसकी होकर भी
उसकी नहीं होती है
क्यूंकि उसकी बिक्री पर
करों व दलालों की मुहर होती है
मौन है या फिर अन्जान
या ज्ञान नहीं है मेहरबान
मेहनतकश होते हुये भी
धूप, ठंड, गर्मी, बारिश में,
सोते हुये भी
कर न पाता है पहचान उस हक की
जो उसको मिलना होता है
या यों कहें कि
उसकी आंखो में सिर्फ
दो वक्त की रोटी का
सपना सोता है
इसलिये झुक जाता है
पसीने के मोतियों के बदले
मिलने वाले समृद्धि पथ पर

चलते–चलते रूक जाता है
मूर्ख बन खो देता है
निज करों से उगाया सोना
जीता है उसी गरीबी में
न समझे खुद के अस्तित्व का होना
अतिश्योक्ति न हो शायद
उसको जीवन दाता कहना
उससे ही सम्भव है चमकना
जीवन रूपी गहना
उसके न होने पर फसल कहाँ से आयेगी
भोजन के बिना दुनिया कैसे आगे चल पायेगी
एवमस्तु इस तथ्य पर होना जरूरी है
कि किसान का खुश समृद्ध रहना भी जरूरी है।

शहीद हो, सैनिक हो, चाहे बापू या सुभाष हो

शहीद हो, सैनिक हो, चाहे बापू या सुभाष हो
देश–प्रेम के झोंके का तुम अमिट एहसास हो।

झाँसी की रानी हो चाहे इन्दिरा का नाम हो,
सर झुकें सारे वतन के तुमको कई सलाम हों।

जानें कई गई हैं अहले वतन तेरे लिये
आज़ादी इस वतन की उनको ही ईनाम हो।

रख सकें संभालकर अनमोल इस सौगात को
संकल्प ये दिल में रहे ऐसे ही सारे काम हों।

कीमत बड़ी आजादी की देश ने चुकायी है,
'वो' वतन से थे नहीं उनसे वतन का नाम हो।

देश की सुरक्षा कर्तव्य हो सभी का
चाहे कितने ही सही इसके लिये बलिदान हों।

आंसुओं की एक झड़ी थमती नहीं जो आंख में,
यादों की उस अश्क धारा पे उनका ही नाम हो ।

शहीदों को श्रद्धा सुमन अर्पित करें हम बार–बार
जिसने तुम्हें जन्मा था, उस जननी को प्रणाम हो।

कठिनाई

सत्य को सिद्ध करना
उतना ही कठिन होता है
जैसे गहरे सागर से मोतियों का
ढूंढना मुश्किल होता है।
क्यूंकि सत्य स्वयं में सिद्ध होता है।
पथ प्रदर्शन सत्य का करने वाला
अंधेरी राहों पर दीप जलाने वाला
मुँह पर सच कहने वाला
मिल जाना उतना ही जटिल होता है,
जैसे जल प्रवाह रोक पाना असम्भव होता है
क्योंकि सत्य स्वयं में सिद्ध होता है।
सच पर न पर्दा डालो, न झूठ से मन बहलाओ
ऊँची हवेलियों से झांकती बेईमानी
कहीं मुंह चिढ़ाती है गरीबो को
पर उनकी आह पचा पाना मुश्किल होता है
क्योंकि सत्य स्वयं में सिद्ध होता है।
हर घर में कहीं राम, तो रावण कहीं,
पर अब रावण का होगा संहार नहीं,
क्योंकि अब तो रामों के बीच ही संग्राम होता है,
सच है ये विभीषिका संग्राम की,
इस पर विराम मुश्किल होता है
क्योंकि सत्य स्वयं में सिद्ध होता है।

संभावना

एक दिन तारे बोलेंगे
सच झूठ के अंतर को
थल चर टटोलेंगे
गहरे समुन्दर को।

नदियाँ कहती जायेंगी
खुद अपनी ही गाथा
है रस्ते कौन–कौन से जिनसे
जल है मुझमें आता।

चंदा आखिर गोल क्यूं है
ये राज़ बताएगा
सूरज तक शायद कोई
बंदा पहुँच पायेगा।

कलियों की भाषा,
समझेंगे शायद बादल
फूलों को बिखरने देने से
रोकेंगे हजारों आँचल।

धरती खोलेगी रहस्य,
क्यूं अम्बर मुझसे मिलता है
क्यूं सच्ची पूजा होने पर
ईश्वर का दिल हिलता है।

फिर सुदामा कृष्ण का
मित्र कहीं बनेगा
निर्धन के घर कहीं

धनधान का ढेर लगेगा।

फिर मचलेगी विद्वता
हर मस्तिष्क में आने को
फिर झलकेगा तेज हज़ारों
चेहरों में समा जाने को।

फिर होगें सतबोल
लोगों की ज़ुबानों पर
फिर होगा झूठ निढाल कहीं
सत्य की तलवारों पर।

फिर हवा चलेगी सन–सन
प्रेम के होंगे फिर मृदुबोल
अहिंसा की ढपली के
फिर धमक उठेंगे ढोल।

न भ्रष्ट कोई फिर होगा,
झोल में पोल न फिर आयेगी
चिंता रूपी चिता की अग्नि
दूर चली जायेगी।

फिर त्रेता, सतयुग आयेगा,
फिर राम–कृष्ण आयेंगे
फिर रावण के चरणों में
कई लक्ष्मण शिक्षा पायेंगे।

पर वे दिन तब आयेंगे
जब हम ये समझ जायेंगे
मैं और तुम को मिटाकर जब
सारे 'हम' बन जायेंगे।

अभिमान

दो पल की बारात यहाँ
दो पल के ये बाराती हैं
रहने दे अभिमान यहीं
अभिमान ये किसका साथी है।

कोई राजा नहीं कोई रंक नही,
अभिमान के सच्चे पंख नहीं
दो पल के लिये उड़ पाता है
दो पल में ये धराशायी है
रहने दे अभिमान यहीं,
अभिमान ये किसका साथी है।

उनसे ही लगन बस सच्ची है
जिनकी वाणी कुछ अच्छी है
जिनको मिलता अभिमान नहीं
बस श्रद्धा उन पर आती है
रहने दे अभिमान यहीं,
अभिमान ये किसका साथी है।

कोई ऊंच नहीं कोई नीच नहीं
जात–पात कोई भेद नहीं
रक्त सभी का लाल है फिर
क्यूं बात बढ़ानी आती है ?
रहने दे अभिमान यहीं
अभिमान ये किसका साथी है।

अपना न कोई पराया है
ईश्वर की सारी माया है
चल पायेगी न एक तेरी
क्यों बात समझ न आती है
रहने दे अभिमान यहीं,
अभिमान ये किसका साथी है।

मौन

मौन की भाषा है
कहीं पहेली या कहीं अंतर्मन का सुख
किसी के लिये परोक्ष अवरोध
संवादो का
कहीं पूर्ण विराम विवादों का
इसकी तुलना अतुलनीय है
निःशब्द है फिर भी शोभनीय है
गहरी सागर की गहराई सी
उन्मुक्त कहीं अंगड़ाई सी
उथलापन नहीं कहीं इसमें,
जड़ है, चेतन भी है इसमें,
ये सोच, समझने वाले की
भाषा है किसी निराले की
सब समझ की हेरा–फेरी है,
यह भाषा बड़ी चितेरी है
कोई दे निंदा, कोई प्रशंसा,
कोई न जाने इसकी मंशा
इसमें शब्दों का जाल नहीं,
संवाद का कहीं सवाल नहीं
ईश्वर का आशीर्वाद है यह,
मुश्किल से मिला प्रसाद है यह
बड़बोले यहाँ पर बौने हैं,
मौन के ये बिछौने हैं
मौन है इंद्रिय नियन्त्रण की शक्ति

मौन है ईश्वर की भक्ति
सर्वशक्तिमान का संकेत है,
मौन की भाषा हमेशा नेक है,
शायद यही मौन का विज्ञान है
हम नहीं समझें अभी नादान हैं
तप से भी शायद नहीं पायेगें इसको,
मौन रहकर ही समझ पायेगें इसको
निःशब्द में भी शब्दो की एक भाषा है,
शायद यही मौन की परिभाषा है।

आशाएं

क्यूं मानव तू डरता है
जीवन है तो कठिनाई है
क्यूं दूर भागता जाता है
ये तेरी ही परछाई है।

सुख–दुख तो साथ चलें संग–संग
जीवन में भरते जाते रंग
है निशा कहीं दुःख की लेकिन
संग भोर खुशी की लाई है।

जीवन अनमोल समझ ले तू
आँचल खुशियों से भर ले तू
दोनों हाथों से देता चल
मानवता की यही दुहाई है।

नर है न निराशा मन में ला
धूप–छांव का स्वागत कर
देख जरा तारे अम्बर के,
अंधेरों से इनकी रोशनाई है

धरती, जल, नदी, हवा अम्बर
जीते हैं जन जीवन के लिये
इनकी रहमत से जीवन में,
रोज़ नई अंगड़ाई है।

आशाओं के बादल से,
सूखा हो दूर निराशा का
हर रोज़ नई शामों की सगाई
फिर होगी शहनाई से।

है दिन अगर तो रात भी है
सुख है तो दुख की बात भी है
ये बात बिठा ले मन में तू
सख्ती से या नरमाई से।

दोहे

भूखे को रोटी दे सकें, कर उतने लम्बे हाथ,
डग–डग तेरी चाह हो, पग–पग तेरी आस।

गगन को छूना चाहे जो, हो ऐसा एहसास,
पवन के संग जो बह चले, न हो वो विश्वास।

राही देख फ़कीर सा, बदले न जो रंग,
सच्चा मानव एक है, जो है सबके संग।

इच्छा शक्ति वो है कि, निकले पत्थर से नीर,
आँसू वो जो बह चलें, देख दूसरी पीर।

संत बने, महंत बने, काजी बने अनेक,
सबसे बड़ा वो धर्म, जो कर दे सब धर्मों को एक।

इसका, उसका, मेरा–तेरा, बहुत किया अनुराग,
हम सबका जो बन सके, ऐसा हो कोई चिराग।

फूल बिछा सकते नहीं, बनो न कांटो की फिर सेज,
जीवन खुशियों से भर दो, कोई रखे तुम्हें सहेज।

जल से पतला कुछ नहीं, क्रोध से बड़ा न तीर,
अवगुण से जो लड़ सके, वही है सच्चा वीर।

निंदा रस

निंदा रस मानव को
देखो कितना भाये
मन का हमजोली बन
मानव संग साथ–साथ ये जाये।

हालांकि मन तो दर्पण है
सच–झूठ यही दिखलाये
अच्छे–बुरे का भेद बताये
मानव ये समझ न पाये।

मन को भी झुठलाकर,
खुद में ही इठलाकर
प्रेम, ज्ञान, भक्ति रस को भी
निंदा आंख दिखाये।

इसको, उसको, सबको देखा,
बस यूं तो खुद को न देखा
या देख के भी अनदेखी करना
निंदा यही सिखाये।

मानव जिससे बात करे
बस निंदा आत्मसात करे
खुद से ही विश्वासघात करे
खुद को ही न समझाये।

मन की मजबूरी समझे न
मन तो सबका अपना है
चाहे न चाहे फिर भी,
साथ निभाता जाये।

क्योंकि मन जाने, मानव को
कितना ही समझाऊं
अहं, दंभ, अज्ञान से फिर भी,
बाहर न ला पाऊं।

अहं की संतुष्टि के लिये खेले,
मानव खुद से आंख–मिचौली
बंद आंख से दुनिया देखे,
निंदा से खेले होली।

पर एक दिन आयेगा जब
निंदारस में डूबा मानव
खुद को न ढूंढ पायेगा क्योंकि
समय चक्र से पिछड़ा मानव पीछे रह जाएगा।

निंदा में समय बिताना
मंहगा जब पड़ जायेगा
ये बात समझ न आये
फिर कौन उसे बचाये
निंदा रस मानव को देखो कितना भाये।

नारी

कभी बनी दुर्गा नारायणी
कभी बनी कल्याणी
कभी दया आँचल में थी
तो कभी आंख में पानी।

कभी बालपन की अठखेली में ,
छप–छप करती पानी से
झाँसी की कभी रानी बनकर
लड़ी हवा की रवानी से।

कभी सती सावित्री बनकर
भारी पड़ी जो प्रकृति पर भी
कभी शक्ति स्वरूपा सीता
चलती रहीं राम की अनुमति पर ही।

कभी मदर टेरेसा थी
तो कभी वो इंदिरा गांधी थी
कभी वो ममता की मूरत
तो कभी न्याय की आंधी थी।

रांझे की कभी हीर बनी,
कभी सोनी थी महिवाल की
हंसते–हंसते प्यार पे मिटकर
सच्ची मिसाल दी प्यार की।

शहीद

शहीदों की शहादत पर
जब–जब गुलिस्ताँ रोया था
आंसू न थे वो
हर आँख में बस
एक ही सपना सोया था
सम्मान हमारा पाने को
हर हद से गुज़र जायेंगे हम
एक बार नहीं सौ बार मरें
आज़ादी पाकर यारों
अपने देश की सरहद पर
अपना झण्डा फहरायेंगे हम
ग़मगीन नहीं दुख में होना
रंगीन नहीं सुख में होना
चाहत आज़ादी की दिल में,
यारों हर पल रखकर सोना
देश को खोकर कैसा जीना
इस देश पे मर जायेंगे हम
कर के आवाज़ बुलंद अपनी
हर बार ये दोहरायेंगे हम
भारत था हमारा, हमारा है,
इसके लिये मिट जायेंगे हम।

भेद

प्रकृति की गोद से
दो बोलते अस्तित्व आये
नर और नारी कहलाये
था दोनों के पास
सम्मान बराबर का
मिला था दोनों को
स्थान बराबर का
नर–नारी बिना अधूरा था।
अस्तित्व भी नारी का
नर से ही पूरा था
यह बात नहीं थी मिथ्या
अर्धनारीश्वर से सिद्ध हुई
दोनो की ही प्रतिष्ठा
एक युग में राधे–कृष्ण तो
एक युग में सीता–राम
इंगित करते हैं दोनो युग
नारी के स्थान
फिर इक युग आया
कलयुग वो कहलाया
द्वापर, त्रेता, सतयुग से
भिन्न थी इसकी माया
जिसकी बढ़ती छाया में
नारी कहीं गुमनाम हुई
पुत्र जन्म पर ढोल बजे

पुत्री से दुनिया अन्जान हुई
अब लड़ाई थी नहीं यह
था बड़ा संग्राम
नारी को सिद्ध करना था
नारी का ही नाम
लड़ती रही वो अपने
अस्तित्व के लिये
कभी पराये तो कभी
अपनत्व के लिये
प्रकृति रोयी और नारी से बोली
हार नहीं तू मान
पायेगी नारी इक दिन
अपना खोया सम्मान
वो दिन भी आयेगा,
जब नर ये समझ पायेगा
धरती और अम्बर से मिलकर ही
बनता सृष्टि का नाम।

पुष्प की कराह

एक टहनी पर झूलता पुष्प
सुन्दर अप्रतिम अतुलनीय
शोभा उसकी देखकर बस
उद्‌भव हुई भाषा प्रशंसनीय।

लाल, पीला या हरा,
पर था मासूमियत से भरा
देखकर सबको मुस्करा देता
अपनी ही तारीफ में कहता
आओ–संग मेरे करो अठखेली
देखो मेरी दुनिया अलबेली।

संग मेरे आओ
तुम भी पुष्प बन जाओ
साफ़, सरल, खुशदिल, स्नेहिल
मुझमें जाओ तुम भी हिलमिल
देखो मेरी दुनिया झिलमिल।

हे मानव! तुमको मेरा आमंत्रण प्यारा
मैं नाजुक हूँ तुम बनो सहारा
पर यह कैसा मानव था ?
जो मन में कड़वाहट लिये
मासूम पुष्प की ओर बढ़ा
अपने क्रूर हाथों से
उस पुष्प के टुकड़े किये ।

पंखुडी थी अलग अपने ही सिरमौर से
देखा मानव को मुरझाती आंखो से
बंद पलकों से, सुप्त होती सांसो से

पूछा, अंदर ही अंदर
यह कैसा मानव कैसी इसकी मानवता
हम तो फूल हैं महकाते थे गुलिस्तां
क्या गुनाह हमने किया ?
इसने हमें हमसे विलग किया
हमारी शोभा तो प्रशंसनीय है
पर इसकी मानवता निंदनीय है।

पूजा

पूजा का विभ्रम टूटा, जब मन, मानव से रूठा
समझा था आराधना को,
एक मात्र सुख की साधना
पर अन्तर्मन से निकली आवाज़ें
चल पड़ी सत्य की पगडंडियों पर
करने हर मानव से याचना
वो प्रश्न भरी आंखें,
वो अधरूकी सांसें
किसी भूखे प्यासे की
दो टुकड़ा रोटी की जुगाड़ में
द्वार की घंटी पुकारे
चीखकर ये बातें
आया है कोई...............सुन
रे—मन उठ दौड़
दो पल विश्राम देकर
छोड़ कर आराधना
भूखे को रोटी देकर बस
कर ले सफल तू साधना
पर शायद अनसुनी यह बात
पूजा की घंटी से जा टकराई
और विदीर्ण हो घंटी के स्वर में
सुख की चाह में
सब भूले मानव को
द्वार तक न दौड़ा पाई

वो आंखें एक द्वार से
दूसरे द्वार तक आशा में
यूं ही रह रह कर लहराईं
वो सांसें कुछ और
ज्यादा मुरझाईं
आगे चल पड़ा निस्तेज ढाँचा
किसी मंदिर पर रूककर
पूछा – क्या यही है तेरी पूजा ?
तू है – तो क्यूं मैं आज तक
रो रहा हूँ ?
ईश्वर बोला – छोड़ चिन्तन पोंछ आंसू
तू रो रहा, मैं सुन रहा हूँ
इसलिये तेरा उपहास उड़ाती
निर्धन को अनदेखा करती
पूजा में बजती घंटियों से बेखबर
कलयुग की चरम सीमा के इंतजार में
आज मैं आराम से बस सो रहा हूँ।

यह कैसी पूजा ?

मंदिर और शिवालय पूजे
गिरजा और गुरुद्वारे पूजे
माटी का इंसान न पूजा
आखिर है यह कैसी पूजा ?

झूठ को पूजा पाप को पूजा
प्यार शील को कभी न पूजा
काम क्रोध अन्याय को पूजा
आखिर है यह कैसी पूजा ?

पत्थर की मूरत को भोग लगाया
भूखे को भोजन दिया नहीं
जल को पूजा हवा को पूजा
आखिर है यह कैसी पूजा ?

बरछी और कटारें पूजीं
खून भरी तलवारें पूजीं
सत्य न पूजा कर्म न पूजा
आखिर है यह कैसी पूजा ?

ऊँच–नीच के भेद को पूजा
नर–नारी अंतर को पूजा
पर मानवता क्यूं न पूजी
आखिर है यह कैसी पूजा ?
आखिर है यह कैसी पूजा ?

गुलामी

पिंजरे में बंद पंछी के
पंखों की फड़फड़ाहट
शायद कानों की गहराई तक
पहुँचते–पहुँचते रह गई
मौन सा विश्वास
एक उच्छश्रंखल श्वांस
उसकी एक आस
मन के द्वार के समीप
दस्तक देते–देते ढह गई
चाबुक से चलता वीर
नकेल से बढ़ते दर्द की पीड़ा से
दौड़ते खुरों की
टापों की आवाज़ो में
उसकी मौन सहमति
आज़ादी के प्रति
पंछी के सुर में सुर
मिलाकर आंसुओं में बह गई
एक टीस थी उड़ान की
दमकते आसमान पर
पंखो के विस्तार हेतु
कराहती सी याचना
लौह दीवारों में
कहीं सिर रखकर सो गई
अपने अस्तित्व की सार्थकता से अन्जान

राहों पर दौड़ते अश्व की शक्ति
समर्पण भाव में
मानव के निष्ठुर मन की
गहराईयों में खो गई है
पंछी ने देखा अश्व तो
खुद पर गर्वित हुआ
संभालते हुये खुद को
खुद से सम्बोधित हुआ
माना हम बेजुबान हैं
दोनों ही गुलाम हैं
पर अश्व तो पृथ्वी पर
ईश की सर्वशक्तिमान रचना है
फिर भी मुश्किल उसका
मानव से बचना है
फिर मेरा अस्तित्व तो
बहुत अदना है
मैं और अश्व क्या............
शेर, हाथी, व जलचर, नभचर
सभी हैं मानव मात्र. के
हाथ का खिलौना
पर यह मानव जो स्वयं
इतना है शक्तिमान
है इस पर सर्वश्रेष्ठ
अक्ल की दुकान
कभी–कभी हमें डराते–धमकाते
खुद ही डर जाता है स्वयं से
जब सर्वोच्च सत्ता के चाहने पर

उसके एक ही इशारे पर
अपनी पहचान कर ही लेता है
सृष्टि के खतरनाक
प्राणी के रूप में
खुद अपनी ही नजरों में गिरकर
उठता है जब ज्ञान की धूप में
पर फिर कहीं अंदर छुपे शैतान से
भयभीत होकर
करने लगता है खुद की ही गुलामी
पाप, पुण्य अच्छे बुरे को भूलकर
हमारी भावनाओं की लाठी के
ऊपर झूलकर
कर देता है ऐलान
हाँ मैं–मानव
हूं अपनी इंद्रियों का गुलाम
फिर मैं तो तुच्छ पंछी हूं
हूं तेरा दास
पर तू तो बुद्धि शक्ति से परिपूर्ण है
फिर इससे अधिक
क्या निंदनीय है
कि तू खुद पर शासन करता है
तेरी एक चूक से
हम तो आजाद हो जायेगें
पर तेरी भूलो, गल्तियों के
पिटारों के टूटने पर
ईश्वर भी तुझे
न बचा पायेगे।

पर्वत

मैं खड़ा हूँ कब से?
नितान्त स्थिर
मेरी वाक्य राशि,
या अभिव्यक्ति
बस शून्य या फिर
मूक है
सुनता हूँ समझता हूँ
मैं भी संवादों के
सब प्रकार
खुश होता हूँ, डरता भी हूँ
या करता हूँ मनुहार
उनको सुनकर
जो बोलते हैं
मेरे पास आते हैं
कुछ देर बैठते हैं
या मेरी ऊँचाई
या कठोरता पर
भ्रमण करते हैं
उनकी वाक्यों की धनराशि
होती है केवल आलोचना
चिन्ता, प्यार या कड़वाहट
सब सुनता हूँ
पर रोता हूँ, कि कह न पाता हूँ कुछ भी
ज्वालामुखी भी है

मुझमें
जो शायद कभी
फट जाता है
जब मेरी मनुहार पर
असफलता का नाम आता है
मनुहार जो कहती है सिर्फ
मधुर, सत्य, स्नेहिल
वचन भाषित करने को
रहकर हिल मिल
जीवन परिभाषित करने को
पर कोई न सुनता
वेदना, याचना मेरी
चल देते हैं बस
कुछ पल में
मेरे संग रह जाती
चिन्ता मेरी
कि जो ये वाणी, कर्मों पर
विराम न लगा पाये
तो शायद अपेक्षित है
कि अगले जन्म में
ये भी पर्वत बन जायें
निःशब्द, नितान्त अकेले
स्थिर शान्त भाव के साये
क्योंकि हर एक का प्रारब्ध
जुड़ा है अतीत से
इस जन्म के कर्मों की
उस जन्म तक न सजा पायें।